I0194560

37 Réservé.
.32.   Il n'a paru que cette 1ère livraison.

MONARCHIE FRANÇOISE,

OU

RECUEIL CHRONOLOGIQUE

DES PORTRAITS

DE TOUS LES ROIS ET DES CHEFS
DES PREMIERES FAMILLES;

AVEC

Des Notes historiques sur leur vie, & le costume de leur tems, depuis Pharamond jusqu'à Louis XV. régnant.

Par M. GAUTIER DAGOTY le fils, Peintre & Graveur du Roi.

DÉDIÉ A LA PATRIE.

Digna stirpite proles. *Virg.*

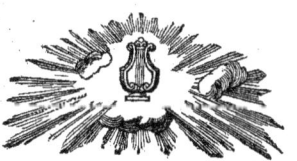

A PARIS,

Chez { GAUTIER DAGOTY le fils, rue Sainte-Barbe, près de Bonne-Nouvelle.
ET
QUILLAU, Libraire, rue Christine.

M. DCC. LXX.

AVEC APPROBATION ET PRIVILÈGE DU ROI.

PRÉFACE DE L'AUTEUR.

DEUX motifs m'ont engagé à publier cet Ouvrage, premiérement l'accueil que le public a fait à la Galerie Françoise, dont je suis le Fondateur, & que je suivrois encore, si les avantages que m'a fait M. Hériffant fils, ne m'avoient déterminé à lui en céder le privilége.

Secondement, les Recueils qui ont paru dans le genre de celui-ci étant la plupart mal deffinés & gravés, sur-tout en remontant vers les premiers siécles, & peu exacts dans les reffemblances & dans le coftume, je me suis déterminé à mettre au jour le fruit de mes études & de mes recherches dans cette partie intéreffante aux Amateurs & à la Nation.

J'ai tout employé pour préfenter cet Ouvrage fous une forme agréable, en me fervant du plus beau papier, diftribuant la partie typographique avec foin, & gravant les Portraits en pied, ce qui caractérife tout à la fois la ftature & l'habillement, & j'ai cherché à le rendre inftructif en y joignant un précis hiftorique qui puiffe donner une notion fuffifante de notre Monarchie & des principales révolutions qu'elle a éprouvées par fucceffion de regne & de tems, ne citant cependant que les faits, d'autant mieux qu'ils fe trouvent détaillés dans nos célebres Hiftoriens, dont je ne ferois que le commentateur.

Comme je me borne à une Edition de trois cens exemplaires, j'ai suivi le même genre que j'avois adopté pour ma Galerie Françoife, à l'exception que j'ai introduit la manière de Rymbrant, pour ajou-

PRÉFACE,

ter de la fermeté & du caractère; il y aura douze diftributions, comme nous l'avons annoncé dans le Profpectus, contenant chacune fix portraits & quelquefois plus; on y obfervera l'ordre chronologique : la première que je donne aujourd'hui étant compofée des Portraits de PHARAMOND, CLODION, MÉROVÉE, CHILDÉRIC I., CLOVIS I., CHILDEBERT I., ainfi de fuite : on fe retrace avec plaifir l'image des Princes qui nous ont fouftrait à la tyrannie, & qui ont jetté les premiers fondemens de notre Royaume.

J'ofe donc me flatter qu'un Ouvrage qui renferme les Portraits & l'Hiftoire des Rois, & des principaux Sujets dont le nom & les actions font chers aux François, ne peut qu'en être reçu favorablement.

J'y joindrai même quelques portraits des Princeffes les plus proches de la Couronne, tant pour les modes des tems que pour la liaifon quelles pourront avoir aux événemens particuliers que je ferai dans le cas de rapporter.

PHARAMOND.

PHARAMOND,
Ier ROI.

LES Gaules étoient soumises aux Romains depuis cinq cens ans, lorsque les François, peuples originaires de Germanie, & qu'on croit même descendre des Scythes & Européens * vinrent s'y établir. Ils avoient souvent fait des irruptions & occupé des terres dans cette partie de l'Europe, tantôt par la force des armes, tantôt par des traités; mais les Saliens, les plus distingués d'entr'eux, résolurent enfin de s'y fixer; profitant de la révolte des Peuples Armoriques, & dans le dessein de se venger du traitement que les Romains venoient de faire à Marcomir, père de Pharamond, ils s'emparèrent entièrement des Pays voisins du Rhin; c'est à cette époque arrivée au commencement du cinquieme siécle, qu'on peut rapporter les premiers fondemens de l'Empire François, & c'est aussi en quatre cens dix-huit, que Pharamond fut proclamé Roi, & élevé sur le Pavois ou Bouclier, au milieu des acclamations de tout le Peuple qui étoit sous les armes. Cette manière de faire reconnoître le Chef de la Nation étoit en usage parmi les Francs depuis long-tems; & quoique Pharamond soit considéré comme leur premier Roi, ils en avoient cependant reconnu plusieurs avant lui : il est vrai que ce Prince sembloit mériter seul ce titre auguste par sa valeur, & par la forme qu'il donna au Gouvernement; effectivement les François, jusqu'à lui, n'avoient pour toutes loix qu'un mélange obscur de diverses coutumes, qu'il commença à rédiger en établissant la Loi nommée *Salique*, du nom de Salien, qui exclud les femmes de la Couronne, & n'y admet aucun étranger.

Pharamond régna dix ans: les notions que nous avons sur le règne de ce Prince, ne sont pas suffisantes pour en rapporter rien de particulier. Des enfans qu'il put avoir, nous n'avons connoissance que de Clodion qui lui succéda; il étoit né payen, il mourut de même : les François n'étoient pas encore éclairés des lumières de l'Evangile.

COSTUME.

Les Francs étoient vêtus, pour l'ordinaire, d'une tunique de drap & d'une espece de chemise de lin, qui se séparoit au milieu du corps, & qu'ils tortilloient sur leurs jambes, en forme de brodequin, ils coupoient leurs cheveux fort courts,

* Mézeray.

Monarchie Françoise.

& ne laissoient croître leur barbe que jusqu'à un certain point ; les principaux d'entr'eux doubloient leur tunique de peau de renards ou d'ours ; & lorsqu'ils alloient en guerre, ils s'armoient d'aches & de frondes. Les Saliens se servoient de flèches, & avoient des especes de casques & cuirasses.

CLODION,
SURNOMMÉ LE CHEVELU,
IIe ROI.

A PEINE Clodion venoit-il de succéder à son père, que les Romains, jaloux de voir les François prendre pied dans les Gaules, & y jetter les fondemens d'un Etat en régle, résolurent de s'y opposer ; ils rassemblerent de grandes forces sous la conduite d'Aëtius, leur Général, qui fit repasser le Rhin aux François, même à deux reprises, & leur enleva les possessions dont ils jouissoient déjà.

Clodion, en héritant du sceptre de Pharamond, avoit aussi hérité de sa valeur & de sa capacité ; il ne perdit point l'espérance de rentrer dans les Gaules ; les échecs qu'il venoit de recevoir, bien loin de le décourager, n'avoient fait que redoubler son ardeur ; secondé de celle de ses sujets & de leur intrépidité, il n'attendoit que le moment favorable ; aussi il n'avoit, ni lui, ni les siens, quitté les autres bords du Rhin : il choisit pour demeure le Château de Dispargues, situé près de Tongres. Quelques années s'écoulèrent sans qu'il jugeât à propos de rien entreprendre ; mais assuré par les Espions qu'il avoit soin d'entretenir dans la seconde Belgique, que les villes y étoient dénuées de Troupes, & que les Romains ne se doutoient pas de la moindre irruption, il assembla ses Sujets ; tous Soldats, & les conduisant par la forêt Charbonière, ou de Haynault, ce qui déroboit leur marche, il étoit déjà maître de Tournai, Cambrai, & plusieurs places voisines, qu'on le croyoit encore à Dispargues.

Des succès si rapides déterminèrent Clodion à étendre ses conquêtes ; il forma même le vaste projet de réunir toutes les Gaules sous la domination Françoise, & d'en chasser entièrement les Visighots, les Bourguignons, & sur-tout les Romains : la puissance de ces derniers déjà ébranlée, & la confusion qui régnoit dans leur Empire lui en faisoient concevoir l'espérance ; mais arrêté de nouveau par la valeur d'Aëtius, il reçut un grand échec dans le pays d'Artois, près de Lens, pour lors *Vicus Helenæ*, qui suspendit ses desseins : Aëtius cependant, ne sçut point si bien profiter de la supériorité qu'il venoit d'avoir sur CLODION, que celui-ci, rappellant toute sa fermeté, ne fît oublier sa défaite par de nouvelles victoires, il se rendit maître de tout le pays d'Artois, s'étendi jusqu'à la Somme, prit la ville d'Amiens, & y établit son Siége Royal.

Ce fut dans cette ville où CLODION mourut dans le Paganisme, vers la fin de l'an quatre cens quarante-sept, après y avoir siégé trois ans, & gouverné les François pendant vingt ans. Le chagrin que lui donna la mort de son fils aîné, qu'il avoit envoyé au siége de Soissons, ne contribua pas peu à hâter la sienne, laissant trois autres fils en bas âge, auxquels il donna pour tuteur Mérovée, son proche parent.

COSTUME.

La mode que CLODION avoit introduite pour les Rois & les Princes du Sang, de porter la chevelure longue & bien peignée, lui fit donner le surnom de *Chevelu*.

Les habillemens des Grands avoient à-peu-près conservé la même forme que sous le Régne de Pharamond.

MÉROVÉE,

IIIᵉ ROI,

Chef des Rois de la première Race, qui prirent le nom de Mérovingiens.

LES François, dans un Empire naissant, avoient besoin d'un Roi qui les sçût commander: ils n'hésitèrent pas à en déférer le Titre & le Sceptre à MÉROVÉE; & sans faire attention à des héritiers dont l'âge tendre pouvoit leur faire appréhender mille événemens, ils le proclamèrent dans la ville d'Amiens.

La Reine mère, épouse de CLODION, regarda cette élection comme la plus grande injustice; outrée de dépit, elle emmena ses enfans au-delà du Rhin, qui par la suite partagèrent entre eux cette foible partie de la succession de leur père; mais qui retomba toujours à MÉROVÉE.

Ce Prince, flatté de la déférence des François, & du zèle qu'ils venoient de témoigner en le choisissant pour leur Roi, chercha à leur prouver qu'il en étoit digne, non-seulement par une sage administration, mais encore en ajoutant aux conquêtes de CLODION celle de toute la Germanie ou territoire de Mayence; il sçavoit néanmoins joindre une sage politique à toute l'intelligence militaire; il entretint une certaine union avec les Romains qui lui donna la facilité d'affermir la domination françoise, sans qu'ils pussent s'en douter; il sçut se rendre nécessaire à Aëtius, qui l'engagea à se joindre à lui pour combattre Attila, Roi des Huns, qui portoit l'orgueil jusqu'à se faire nommer le fléau de Dieu; aussi en fut-il puni, car le Roi des François & le Général Romain défirent entièrement son armée dans les plaines de Soulonges, près d'Orléans; plus de deux cens mille des siens restèrent sur le champ de bataille, il eut bien de la peine lui-même à pouvoir regagner son pays avec ceux qui avoient échappé au carnage. MÉROVÉE & Aëtius perdirent dans cette action Théodoric, leur allié, Roi des Visigoths.

Attila, chassé des Gaules, étoit pour MÉROVÉE un obstacle de moins à ses projets.

D'un autre côté les Romains même, par leur division & par la perte d'Aëtius, que l'Empereur venoit de faire massacrer, laissèrent à MÉROVÉE un champ libre pour s'a-

Monarchie Françoise.

grandir, dont il sçut profiter en s'emparant de la Picardie, de presque toute la Normandie & de l'Isle de France.

Ce fut après tous ces succès que Mérovée mourut, vers l'an quatre cens cinquante-huit, âgé de 45 ans, laissant Childéric son fils pour héritier à la Couronne, & emportant les regrets de ses Sujets & l'admiration de ses ennemis.

COSTUME.

Il se maintint encore sous la même forme que le régne précédent, à l'exception que les François avoient adopté de longues piques.

CHILDÉRIC I,
IVe ROI.

CHILDÉRIC avoit vingt-cinq ans lorsqu'il monta sur le Thrône : ce Prince, que la jeunesse & le tempérament entraînoient vers les plaisirs, s'y livra d'abord avec peu de ménagement, il fut même jusqu'au libertinage le plus effréné, ce qui révolta l'esprit de ses Sujets, qui venoient de gouter les douceurs d'un régne vertueux & paisible ; ils le méconnurent dès lors pour leur maître, & remirent l'autorité entre les mains d'Ægidius, Chef de la Milice Romaine, dont la sagesse & la probité étoient généralement avouées.

CHILDÉRIC, craignant même pour sa vie, eut recours à la fuite, & se retira en Turinge auprès du Roi Bazin. Guyemans son confident & son ami resta en France dans le dessein d'inspirer aux François le rappel de leur Roi ; il sçut en conséquence s'insinuer auprès d'Ægidius, & lui persuader d'accabler les Chefs d'impôts pour les rendre moins puissans, & de les punir de mort s'ils s'y opposoient ; ce qui arriva effectivement : les François allarmés de ces actes d'autorité de la part d'Ægidius, adresserent leurs plaintes à Guyemans, qui saisit l'instant de leur retracer leur devoir, & en donna aussitôt avis à Childéric, qui partit sur le champ de Turinge pour revenir dans ses Etats.

L'attachement que les François ont pour leur Roi, leur est naturel; c'est un amour imprimé dans leur cœur dès le berceau, & né même avec eux ; aussi en donnèrent-ils une preuve à Childéric ; ils vinrent au devant de lui, & le rétablirent solemnellement. Le Monarque oublia son exil, & fit oublier ses désordres.

CHILDÉRIC plein de reconnoissance, ne se borna pas à profiter du retour de ses Sujets pour se venger d'Ægidius, qu'il chassa ; mais il chercha à étendre leurs terres ; conquit le pays qu'on nomme aujourd'hui Lorraine ; prit Angers, Orléans ; battit les Saxons ; se rendit maître de Beauvais, de Paris & de plusieurs villes sur l'Oise & sur la Seine. Childéric devint cher aux François, & ce fut avec la plus grande douleur qu'ils le virent succomber à une fiévre ardente qu'il eut au retour d'une expédition qu'il venoit de faire contre les Allemans : il mourut âgé de quarante-cinq ans, & en ayant régné vingt.

CHILDÉRIC laissa trois filles & un fils nommé Clovis, qui lui succéda ; ils étoient

8 *Monarchie Françoise.*

les fruits du mariage qu'il avoit contracté avec Basine : cette Princesse n'avoit pu résister à l'amour que lui avoit inspiré Childéric, elle l'avoit suivi à son départ de Thuringe, & l'épousa lorsqu'il fut dans ses Etats.

COSTUME.

Le même qu'au régne précédent.

REMARQUE.

Les quatre Portraits que je viens de donner sont tirés d'une Collection de Médailles qu'avoit formée M. Julien, Consul de France à Nice ; l'occasion que j'eus de voir souvent cet Amateur dans le voyage que je viens de faire en Italie, me procura l'avantage de puiser bien des connoissances dans les recherches qu'il avoit faites sur les Antiquités Françoises, dont j'ornerai ma Collection.

CLOVIS

CLOVIS,

PREMIER ROI CHRÉTIEN,

Vᵉ ROI.

CLOVIS avoit quinze ans lorsqu'il monta sur le Trône; un âge aussi tendre pouvoit laisser les François dans l'inquiétude; mais les qualités extérieures de ce Prince, & cet air de majesté que la nature accorde presque toujours à ceux qu'elle élève au-dessus des autres hommes, sembloient leur présager un Régne brillant; aussi ne furent-ils point déçus des espérances qu'ils en avoient conçues. A toutes ces perfections, CLOVIS ajoutoit une grandeur d'ame & un fond de valeur inépuisable. Il eut à peine dix-huit ans, que toutes ses qualités parurent dans leur plus grand jour. La victoire qu'il remporta sur les Romains à la Bataille de Soissons, fut une assurance de son mérite. Siagrius, leur Général, fils de ce même Ægidius, qui avoit eu en main l'autorité royale sous Childéric, ne put même par sa retraite chez Alaric, Roi des Visigoths, échapper à CLOVIS, qui crut devoir venger son père par la mort de cet infortuné.

Ce premier succès échauffa le génie bouillant & guerrier du jeune Roi; il subjugua les Thuringiens, après avoir soumis Provins, Sens, Troye, Auxerre & plusieurs autres Places. Le bruit de ses conquêtes & la crainte qu'elles inspirèrent à Chilpéric, Roi des Bourguignons, déterminèrent ce Prince à donner sa fille Clotilde, en mariage, au Conquérant François. Cette Princesse instruite dans la Religion Chrétienne, chercha à en inspirer les sentimens à CLOVIS: il différoit de jour en jour de les adopter; mais sollicité vivement par la Reine qu'il aimoit beaucoup, il lui promit, dans la chaleur d'une discussion qu'ils avoient eue à ce sujet, de se faire Chrétien, s'il revenoit vainqueur d'une expédition qu'il alloit faire contre les Allemands qui ravageoient les terres de Sigebert, Roi de Cologne, son parent & son allié; il vola à leur rencontre. La Bataille se donna près de Tolbiac; au milieu de l'action, la victoire parut se déclarer pour les Allemands. La déroute étoit déja parmi les Soldats de CLOVIS; lui-même blessé couroit de rang en rang, & faisoit de vains efforts pour les ranimer, lorsque le danger

B

lui rapella la promeſſe qu'il avoir faite à ſa femme d'invoquer ſon Dieu : il le fit ; tout changea, ſes gens ſe rallièrent & revinrent à la charge. CLOVIS à leur tête ſe précipite de nouveau ſur les bataillons ennemis, les met en déſordre, gagne une victoire complette, & vint recevoir le Baptême à Rheims, des mains de S. Remi, qui en étoit Archevêque.

CLOVIS étoit pour lors le ſeul Prince Catholique : ſon exemple conquit à l'Evangile un grand nombre de ſes Sujets & pluſieurs de ſes Capitaines ; dès ce moment il devint cher aux Gaulois. Guerrier autant que Politique, il ſçut les aſſujettir & joindre au titre de Conquérant celui de Libérateur. Les Romains, ſous l'Empereur Anaſtaſe, envoyèrent à CLOVIS la Robe Conſulaire, & lui déférèrent des dignités ; il ne s'en ſervit que pour leur donner une entière excluſion dans les Gaules ; il ſoumit les Bourguignons, & fut vainqueur des Viſigoths, à la Bataille de Vouillé, près Poitiers, où il tua de ſa propre main Alaric leur Roi. Chaque jour ajoutoit à ſes conquêtes ; & ce Prince accoutumé à vaincre & à donner des loix, ſe vit avec douleur forcé de faire la paix avec Théodoric, Roi des Oſtrogots, qui venoit lui diſputer la Victoire à la journée d'Arles.

CLOVIS de retour à Paris, dès lors la Capitale du Royaume, y mourut âgé de quarante-cinq ans, laiſſant quatre fils, ſavoir : Thiéry, qu'il avoit eu d'une concubine, Clodomir, Childebert & Clotaire, tous enfans de Clotilde.

Si nous détournons les yeux des cruautés que CLOVIS a exercées ſur ſes parens & ſur pluſieurs Princes, ſi nous ne les regardons que comme un ſacrifice à ſa ſûreté & à la grandeur de ſes Etats, nous ne pouvons lui refuſer le titre de grand Roi ; il affermit la Religion Catholique & donna à la Loi *Salique* une forme qui pût s'accorder avec ſes principes, ſoutint les Etabliſſemens de l'Egliſe, autoriſa pluſieurs Conciles, affranchit les François de la domination romaine, en leur ſoumettant toutes les Gaules & les rendant redoutables à leurs voiſins.

COSTUME.

Les François quittèrent l'uſage des fleches, prirent l'épée & l'angon qui étoit un dard à deux crochets, & la hache à deux tranchans, qu'ils nommèrent franciſque ; ils prirent dans leur habillement même quelque choſe des Romains.

CHILDEBERT·I·

CHILDEBERT,
VIe ROI.

APRÈS la mort de Clovis, ses enfans partagèrent ses Etats en quatre Royaumes. Thiéry fut Roi de Metz; Clodomir, d'Orléans; Childebert, de Paris & Clotaire, de Soissons.

Les Historiens ont toujours mis en rang de succession à la Couronne les Rois de Paris; cette ville étant reconnue Capitale de toute la France. Les premières années du Régne de CHILDEBERT furent paisibles.

L'envie n'avoit pas encore troublé l'union qui régnoit entre les quatre freres; ils étoient uniquement occupés à gouverner leurs Etats & à les agrandir; Thiéry se défendoit contre Théodoric, qui vouloit lui enlever la plus belle portion de son héritage, tandis que son fils Théodebert chassoit Cochiliac, Général Danois, qui venoit de faire une descente sur les bords du Rhin, Clodomir de concert avec Childebert & Clotaire, qui s'étoient joints à lui, faisoient la guerre à Sigismond; ils le vainquirent; Sigismond fut fait prisonnier, Clodomir le demanda & lui fit ôter la vie.

Clodomir pénétrant dans la Bourgogne, livra une sanglante bataille à Gondemard; mais un trait mortel lui arracha, avec la vie, le fruit de la Victoire, qui resta entre les mains de Clotaire & de Childebert; ceux-ci achevèrent la défaite de Gondemard, le firent prisonnier & s'emparèrent de tous ses Etats.

Clodomir laissa trois fils, il en avoit confié l'éducation à Clotilde leur ayeule. Cette Princesse espéroit conserver à ses pupilles l'héritage de leur père; mais Clotaire qui venoit d'épouser la veuve de Clodomir, les redemanda sous prétexte de les mettre lui-même en possession. Clotilde trop vertueuse pour soupçonner un crime, n'hésita pas à les envoyer. Quelle fut sa douleur, lorsqu'elle apprit que Clotaire & Childebert venoient de les faire massacrer, à l'exception du plus jeune nommé Clodoald ou Cloud, de fideles Sujets de son père ayant trouvé le moyen de le dérober au fer parricide, & de le cacher dans Nogent sur Seine, village près de Paris, qui depuis prit le nom de S. Cloud. Childebert & Clotaire partagèrent entr'eux l'héritage de ces infortunés. Thiery n'y eut point de part; occupé à s'emparer du Royaume de Thuringe, après avoir défait Hermanfroy, il ne fut point souillé du crime de ses Frères. Ce fut en 534; que ce Prince mourut laissant Théodebert son fils pour successeur à la Couronne.

CHILDEBERT qui venoit de vaincre Alaric, Roi des Visigoths, auroit bien voulu, ainsi que Clotaire, démembrer quelques parties du Royaume de Thiéry, & même l'envahir; ils en concevoient l'espérance, parce que Théodebert adonné aux plaisirs, sembloit prendre peu de soin de ses Etats; mais réveillé par les projets ambitieux de ses oncles, il s'arracha des bras de sa maîtresse; & oubliant des momens perdus au sein des voluptés, il vole aux armes, & force Clotaire à faire la paix, & Childebert à faire alliance avec lui, après avoir partagé entr'eux trois le Royaume de Bourgogne, qui fut dès lors réuni à l'Empire François, ayant subsisté cent vingt ans.

Ce fut dans ce même tems que Vitigès remit aux François la Provence, & tout ce que les Visigoths possédoient encore dans les Gaules. L'année 541, Childebert & Théodebert déclarèrent ensemble la guerre à Clotaire, sur une dispute qui s'étoit élevée au sujet de quelques limites, & entrèrent tout-à-coup dans ses Etats, sans lui donner le tems de rassembler ses Troupes; il n'eut que celui de se retirer dans une Forêt, proche des bords de la Seine. Ils alloient le forcer dans cette retraite, lorsqu'un orage violent donnant entièrement sur leurs Camps, les força d'abandonner leur projet & d'accorder la paix à Clotaire. Théodebert mourut quelque tems après.

Ce Prince étoit né Conquérant; il avoit repris aux Visigoths la partie des conquêtes de Clovis, dont ces Peuples s'étoient emparé; le Vélay, le Rouergue & le Gévaudant: il avoit soumis une partie de l'Italie, & il auroit porté ses armes jusque dans Constantinople, si la mort n'eut arrêté ses conquêtes. Il laissoit Théodebald, fruit du mariage qu'il avoit contracté avec Deuterye, qu'il épousa après avoir répudié Wisigarde qu'il rappella ensuite à la sollicitation de ses Sujets. Théodebald ne régna que sept ans; il étoit d'une santé foible, & ce fut pendant son Régne, qu'une Armée Françoise, qui avoit été au secours des Allemands, fut défaite par Narsès près de Capoüe. Clotaire & Childebert se partagèrent les Etats de Théodebald. Les Saxons profitèrent du tems du partage, se révoltèrent avec les Thuringiens; mais Clotaire les soumit de nouveau. Childebert ne se contentant pas des conquêtes qu'il faisoit en Espagne, en conçut de la jalousie; il corrompit le cœur de Chéramne fils de Clotaire, & lui inspira contre son père une haine implacable, & se porta à faire serment de ne jamais se réconcilier avec lui.

Le bruit se répandit que Clotaire venoit d'être tué en Saxe. Childebert se jetta aussitôt sur la Champagne qu'il ravagea; mais au retour de cette expédition, qui étoit en

Vie de Childebert.

551, il tomba dangereusement malade, & mourut. Son Corps fut inhumé à l'Abbaye S. Vincent, aujourd'hui S. Germain des prés, qu'il avoit fait bâtir. Il laissa d'Ultrogothe, sa femme, deux filles nommées Chroteberge & Chrotezinde, qui ne furent point mariées. Leur oncle Clotaire les retint même en prison avec leur mère jusqu'à ce qu'il fût en pleine possession du Royaume de Childebert. Ce fut le premier exemple de la Loi *Salique*. Clotaire réunissant déjà les Etats de ses frères aînés, succéda à Childebert à l'exclusion de ses niéces.

A l'ambition près, Childebert fut un grand Prince; il soutint la Religion Catholique, & sacrifia plus d'une fois ses trésors au soulagement des malheureux.

www.ingramcontent.com/pod-product-compliance
Lightning Source LLC
Chambersburg PA
CBHW060505050426
42451CB00009B/829